LIVRE DE CHASSE

Ce livre appartient à ______________________________

LIVRE DE CHASSE

Illustré par Hélène Préveraud

ÉDITIONS DU GERFAUT

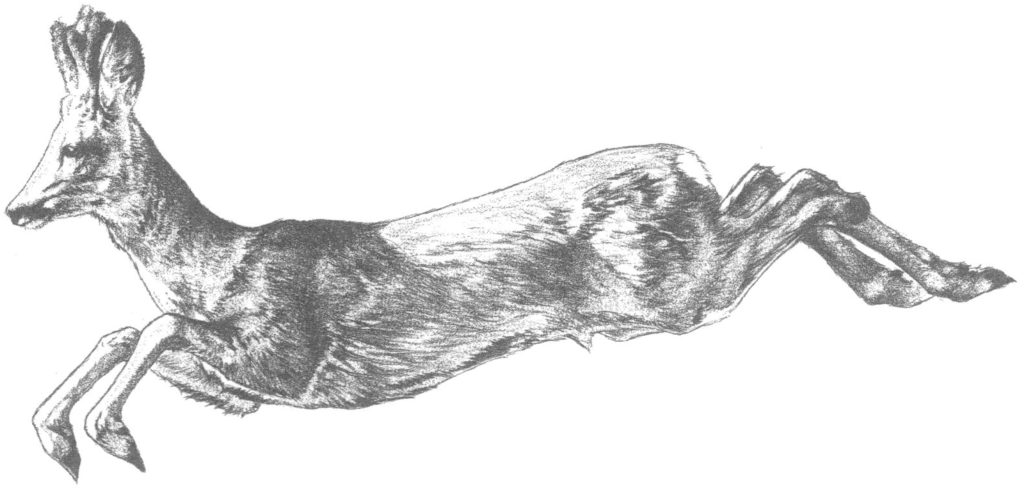

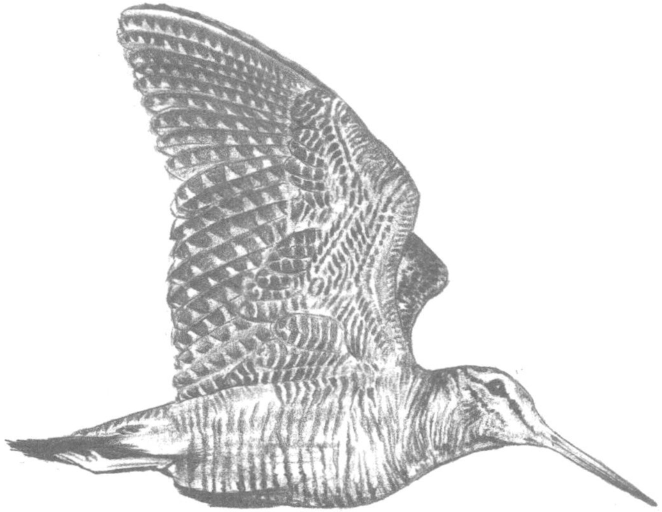

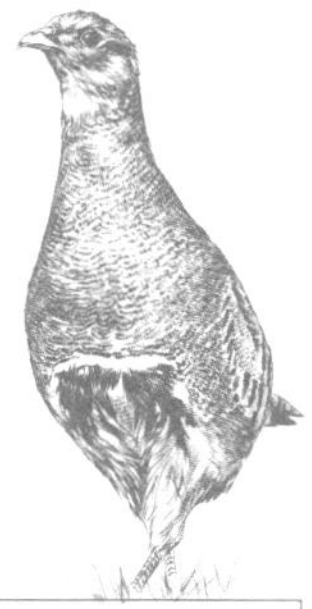

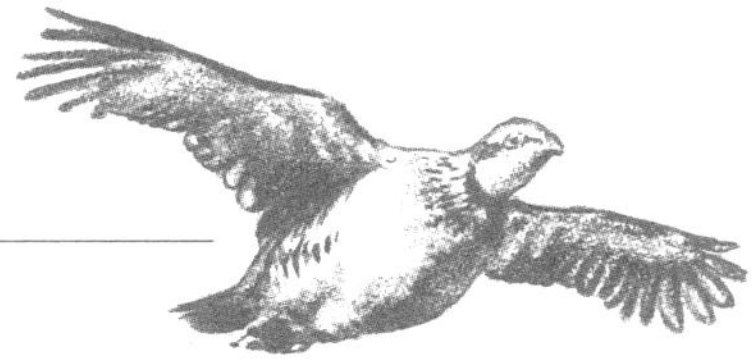

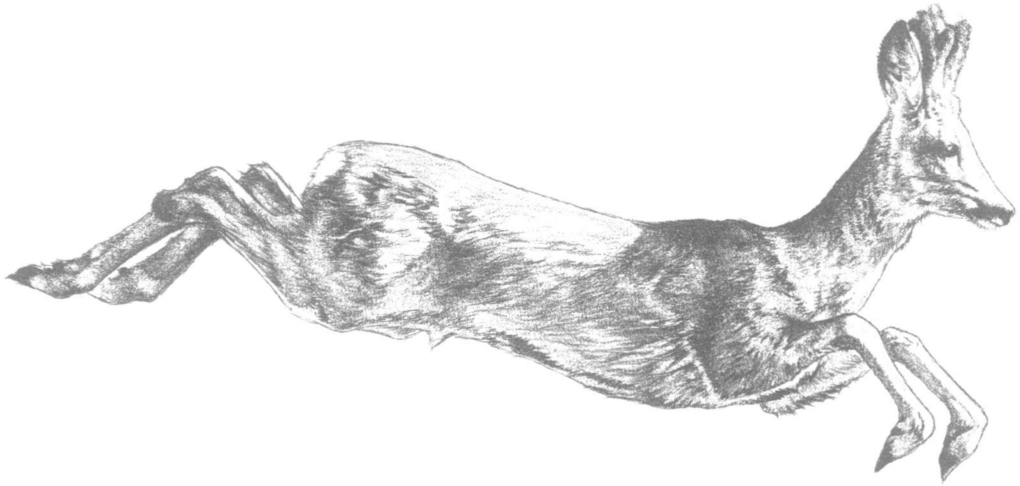

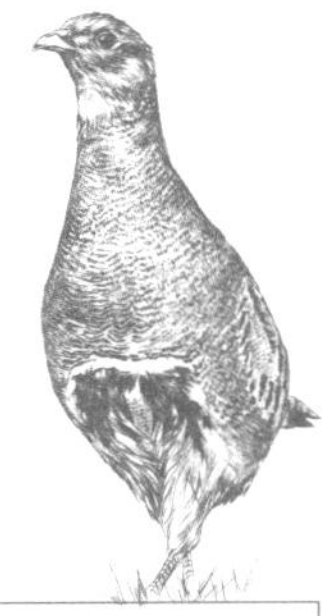

Éditions du Gerfaut
6-8, rue du docteur Maunoury
28000 Chartres
www.editionsdugerfaut.com

Suivi éditorial : Lucie Nédellec, lunedit.com
Création graphique et mise en pages : Claire Mieyeville pour Lunedit

Toutes les illustrations sont d'Hélène Prévereaud.

Dépôt légal : juin 2022
ISBN : 978-2-35191-264-5

Les éditions du Gerfaut bénéficient du soutien de la Région
Centre-Val de Loire, de l'État (DRAC Centre-Val de Loire)
et de Ciclic Centre-Val de Loire.

Imprimé en France par Sepec - 17985220301

IMPRIM'VERT®

L'ARTISTE

Née en Limousin en 1984, **Hélène Préveraud** pratique le dessin naturaliste depuis une dizaine d'années. Longtemps autodidacte, elle a été quelques années l'élève de Philippe Mocaër, mais sa formation artistique est essentiellement le fait de très longues heures de dessin, d'observation et de recherches pour toucher au plus près la réalité de chacun de ses sujets.

Toujours en quête de connaissances et curieuse des différents rapports de l'homme à l'animal, elle a longtemps gravité dans les milieux de l'équitation et de l'élevage de chevaux. Sa pratique artistique essentiellement animalière et uniquement réaliste dans la forme lui a permis assez rapidement d'être repérée par les milieux cynégétiques et halieutiques. Aujourd'hui, et dans une volonté d'éclectisme, de dialogue par l'art et de lutte contre les préjugés, elle travaille essentiellement des thématiques liées à ces domaines, à la faune sauvage comme aux animaux domestiques, s'aventurant parfois dans de tout autres domaines comme le dessin de voiture ou le portrait humain. Son trait, uniquement au graphite et dans un monochrome contrasté, est donc résolument naturaliste, mais il s'attarde aussi à représenter chaque animal comme un individu, voire une « gueule » à part entière.

Elle aime imaginer son travail comme une passerelle, un lieu d'échange et de bienveillance autour de l'amour de l'animal, qu'il soit le fidèle accompagnateur du chasseur, le gibier tant convoité, l'animal de compagnie adoré...

Aujourd'hui professionnelle et installée dans un atelier du Labo des Arts à Caen, Hélène Préveraud travaille presque uniquement à la commande pour des particuliers et est également régulièrement sollicitée pour des publications dans la presse cynégétique. Elle a été plusieurs fois exposée, notamment lors du salon Art Cheval à Saumur, et a réalisé une série de dessins sur les gauchos argentins pour l'ouvrage *Gauchos* du photographe Georges Lenzi. Son travail est également visible dans le documentaire diffusé sur la chaîne Seasons *En plein vol* réalisé par Alain Morizot.

Les tableaux de ce livre sont volontairement vierges de toute indication. Chaque chasseur pourra y inscrire, en fonction de ses centres d'intérêt, les dates de chasses, les animaux prélevés, les invités de la chasse, etc.